PASSEIO

Renato Rezende

PASSEIO

BOLSA FUNDAÇÃO BIBLIOTECA NACIONAL/DNL
PARA OBRA EM FORMAÇÃO
POESIA – 1997

EDITORA RECORD
RIO DE JANEIRO • SÃO PAULO

2001

CIP-Brasil. Catalogação-na-fonte
Sindicato Nacional dos Editores de Livros, RJ

R358p Rezende, Renato, 1964-
        Passeio / Renato Rezende. – Rio de
    Janeiro : Record, 2001.

        ISBN 85-01-05764-9

        1. Poesia brasileira. I. Título.

                        CDD 869.91
01-0922   CDU 869.0(81)-1

Copyright © Renato Rezende, 2001

Projeto gráfico: Regina Ferraz

Todos os direitos reservados. Proibida a reprodução,
armazenamento ou transmissão de partes deste livro, através de
quaisquer meios, sem prévia autorização por escrito.

Direitos exclusivos desta edição adquiridos pela
DISTRIBUIDORA RECORD DE SERVIÇOS DE IMPRENSA S.A.
Rua Argentina 171 – 20921-380 – Rio de Janeiro, RJ – Tel. 585-2000

Impresso no Brasil

ISBN 85-01-05764-9

PEDIDOS PELO REEMBOLSO POSTAL
Caixa Postal 23.052
Rio de Janeiro, RJ – 20922-970

SUMÁRIO

Prefácio – *Alexei Bueno* 7

Paraíso perdido (ou pré-poema) 19
Passeio 21
Os antepassados 23
As moiras 27
Prenúncios de gaivotas 29
Estelita Lins com Laranjeiras 31
Jagunço 33
Zelig 35
Trapo 37
Domingo 39
Impressões do Parque Lage 41
Águas de março 45
A idade de Cristo 47
Copacabana, 1997 55
A ilha 57
O alto 59
Mercado de frutas 61
O sono 63
O mendigo 65

No lixo	67
O balde	69
Asas	73
Nós	77
As duas águas	79
A mangueira	81
O bicho	85
Bicho de goiaba	87
Para uma cruz na estrada	93
Perto, na Suíça	95
Balada das barcas	97
O cofre	101
Epílogo	103

PREFÁCIO

Em seus livros anteriores, em *Aura*, em *Asa*, Renato Rezende se revelava um indiscutível mestre do poema curto, dotado de uma sobriedade quase clássica do verso, uma limpidez cristalina onde, livre de todo o prosaísmo, o poema nascia com uma naturalidade comparável com a da língua oral em seu fluxo imperceptível. Mas não se tratava, e isso era um fato importante, do poema curto vizinho ao registro pictórico, a objetividade rasa que domina boa parte da nossa poesia contemporânea. A visão do poeta era uma visão *de dentro*, uma visão *por trás*, dominada por aquela ânsia de ver em profundidade da qual emergem as filosofias e as religiões, como boa parte da arte. Os poemas de Renato Rezende buscavam ver, no espetáculo do mundo, em cada um dos incontáveis detalhes aparentemente desimportantes do seu turbulento caos, aquilo que especialmente caberia à poesia, ao verbo, apreender, sem invadir os domínios específicos das artes plásticas, e daí a sua autenticidade enquanto poesia. A iluminação que seus poemas buscavam e alcançavam era uma iluminação rigorosamente poética, e dentro dela nos encontrávamos com as especifidades do ver o mundo desse ser aleatório e irrepetível que carrega pelas nossas esquinas o nome de Renato Rezende.

Duas coisas marcavam claramente a sua poesia, uma sensibilidade do instante, e portanto do tempo, e uma sensibilidade do indivíduo — do pouco que o constitui —, e portanto de toda a humanidade. Esse jogo de agora e sempre, de eu e todos, resolvia-se em alguns poemas admiráveis. Passava-se do instantâneo absoluto, muito próximo da poesia japonesa, como em

O ANJO NA CALÇADA

Douradas, rosas, azuis

na calçada
duas pétalas de flor
como asas,

borboleta
crucificada

até a aguda sensibilidade do tempo, em

SOMBRAS

Comprei uma biografia de Joan Miró
com algumas fotografias velhas, uma delas
mostra o pintor-poeta no fundo de um bar
bebendo, admirando La Chunga dançar. A foto
é escura e os dois parecem mortos.

*É difícil acreditar que isso realmente aconteceu,
a sombra
de toda história mais parece um sonho.*

Da mesma maneira, de um impressionante poema sobre o outro, "A Perna" — onde entra em cena um dos temas caros ao autor, o dos miseráveis das cidades, tema de grande presença na nossa poesia, obviamente pela grande e lamentável presença na nossa vida cotidiana, desde Cruz e Sousa e Augusto dos Anjos —, chegávamos ao registro social, da forma menos panfletária e *voulue* possível, em um poema como "Pimentões Perfeitos", e daí partíamos para a plena sensibilidade da vacuidade do eu, no poema justamente intitulado

EU

*Esvaziar-me
e tornar-me nada.*

*Viver da mesma maneira, a mesma coisa,
em barracas ou palácios.*

*Ter o corpo oco, depois de cada encontro
e durante cada ato
não pensar em nada, não levar nada
para casa*

não sentir nem desejo nem raiva.
Que não exista algo chamado Renato.

Nunca fazer nada.

Que Renato seja uma máscara
vazia — mas este espaço
não seja ausência, mas luminosidade.
A coisa mais pura e clara.

Em poemas como este tornava-se aliás bastante nítida a filiação de ao menos uma das sensibilidades do poeta à metafísica oriental, entre o budismo e a vedanta, mantendo-se numa linha há muito entroncada entre nós ocidentais, via Schopenhauer ou outros. Esta tentativa de ascese, esta busca de superação da contingência do indivíduo, parece justificar, etimologicamente, a reiterada presença do nome próprio do poeta, que neste caso parece exercer coincidentemente a função de um símbolo.

Há dois poemas que julgo especialmente reveladores da concepção do seu autor. No primeiro, chamado

POEMAS

Sou ainda muito moço,
mas quando me lembro
dos tantos momentos que já vivi na minha vida
sinto que todo o passado tem sido um sonho

desaparecendo,
e quero mesmo que desapareça
e somente sobre a essência,
o supra-sumo
como cápsulas de amor preservadas em poemas.

o registro aparentemente confessional se transmuda na impessoal percepção do esvaziamento do ser, e da sua talvez única salvação — a salvação daquilo que parece constituir a sua essência irredutível, a afetividade — através da arte. Se aí temos, nessas "cápsulas de amor preservadas em poemas", quase a declaração de uma poética pessoal, no poema que se chama

A DEVI COBERTA

No MET vi a imagem de uma deusa
coberta para reforma, mas apesar da lona
disforme sobre o seu torso,
(na minha retina interior)
eu pude ver seu rosto.
Tudo o que é verdadeiramente divino
não pode ser escondido —
como a luz dentro de cada um de nós
transborda pelo olho, presa no corpo.

encontramos a declaração explícita do que chamei de visão em profundidade, essa "retina interior" que descobre em cada coisa "o que é verdadeiramente divino" e "não pode ser escondido". Estamos, sem dúvida, perante um poeta que se entronca, em sua feição essencial, nessa raiz platônica que talvez tenha dado os mais belos frutos da literatura em nossa língua, essa linhagem — e não importa aí a origem mais oriental ou ocidental dessa filiação — que acredita em um lado de lá das coisas, no lado luminoso, no mundo das idéias puras além do nosso caos de aparências e de maldade, e à qual se ligam nomes tão diversos quanto os de Camões, Fernando Pessoa e Guimarães Rosa. Enfim, sempre em um momento ou outro a nossa poesia escapa da idiotia parnasiano-objetiva da qual realmente nunca se libertou.

E é dos materiais mais simples, mais cotidianos, como simples e cotidiana é a sua quase clássica dicção, que Renato Rezende retira as suas súbitas iluminações, como em

FORMIGAS

Talvez isso ajude a compreender o Destino
ou a Graça:
Num pátio de mármore, duas formigas
tentam escalar uma pilastra.
Mas não conseguem.
Uma desiste.
A outra prossegue,

insiste.
Até que eu
pego essa formiga com a mão
e a coloco um palmo acima do chão.

onde algumas complexas questões teológicas e metafísicas se materializam através do mais singelo dos gestos. Trata-se do processo, comum à mística e à poesia, de extrair o todo da parte, o macrocosmo do microcosmo, já que, para citar a *Tábua de Esmeralda*, "o que está embaixo é como o que está em cima e o que está em cima é igual ao que está embaixo, para realizar os milagres de uma única coisa". E já que lembramos o aforismo básico de Hermes Trimegistos, lembraremos também a célebre quadra de Blake, quase uma síntese poética do mesmo procedimento:

To see a world in a grain of sand
And a heaven in a wild flower,
Hold infinity in the palm of your hand,
And eternity in an hour.

Enfim, depois dos admiráveis poemas curtos de *Aura* e de *Asa*, aqui abundante e voluntariamente citados, Renato Rezende parece atingir, neste *Passeio*, e sem nenhum choque com a sua maneira anterior, uma alteração de registro. Em poemas mais longos, mais diretamente entroncados na realidade física e social que nos cerca, o poeta constrói uma espécie de diário, de onde o elemento diretamente biográfico, confessional, não está ausente, antes serve de base para o exercício da mesma visão em profundidade que reconhecemos nos livros anteriores. A partir de agora, no entanto, o cinético domina o estático, e o eu poético — que se confunde com o aleatório eu individual — reaparece numa espécie de percurso deambulatório que se resolve em dois planos, a cidade e a memória, o agora de todos e o ontem do eu.

O Rio de Janeiro é cenário e personagem deste livro, que não deixa de realizar, ao mesmo tempo, um paralelo passeio intertextual através das citações poéticas que pontilham o seu corpo. De início, uma certa lassidão domina o eu lírico:

> *Meio desistido de mim mesmo*
> *caminho quase a esmo*
> *pelo Rio de Janeiro.*
> ...

que no entanto prossegue, com a sua aguda capacidade de olhar, pelas ruas da cidade para onde veio. E por estas páginas, levado pelo poeta, o leitor terá um encontro com o ser humano essencial e, em outro nível diverso do cotidiano, com as entidades que povoam esta cidade, os mendigos, os miseráveis, os malucos — que já apontáramos nos livros anteriores —, as ruas, as praças e as paisagens, a vida enfim, justificativa e objetivo de tudo, filtrada aqui por um eu que busca, como todo artista genuíno, sempre e cada vez mais ser todos, num agora cada vez mais sempre.

Alexei Bueno
6.3.1999

Que agora tudo tem medida e
mede-se...: o infinito que ele teve
e vai tentar trocar pelo que é breve.

BRUNO TOLENTINO

PARAÍSO PERDIDO
(ou pré-poema)

Nenhum de nós jamais pensaria
em partir, em despegar-se deste corpo
que nos une e nos consome. Mas todas as noites agora
acordo com a dor de ir embora.

Não mais os aromas,
a cor, o brilho
das partículas do paraíso?

Nenhum de nós, desprovidos de suas asas,
gostaria de encostar na terra, decaído.
No entanto, já me acena o mundo
com seu jogo de luz e trevas.

Mas, e o amor, o verdadeiro
Amor que sustenta tudo, que me permite
estar ainda erguido sobre esta nuvem?

Desço, em desespero, com o peso do corpo
à terra da impermanência
para nela destruir o que em mim não é eterno

como o fogo se apaga com fogo
como o ferro se forja no ferro?

Pensei que já não mais desceria.
Pensei que ficaria nesta esfera
até me unir em definitivo
ao mais alto círculo divino.

Mas é o meu próprio desejo
que me leva de volta ao solo,
e de novo me descubro
homem.

Pensei que aqui ficaria até a memória
de tudo que vivi antes na terra
desaparecesse da minha memória.

Mas já sinto a própria memória
com sua sede de aranha e infância
arrombar todas as portas.

Que não seja longo, ó anjos, este passeio.
Mas, ao tocar os pés no chão
já começo a andar, e em cada passo
mais me esqueço.

PASSEIO

Demoro-me
no centro da cidade,
no Castelo, no Passeio.
Demoro-me
no Rio de Janeiro
como se fosse outrora
e se dissesse:
Ele demorava-se no Centro,
a esmo.
Demoro-me como quem quer
ser atropelado
sumir num tropeção
esquecer-se de si mesmo.
Demoro-me como se demoram
os mendigos que moram na rua
e que esperam o dia inteiro
para suas casas serem abandonadas.
Demoro-me como um destituído
cuja única felicidade
o clarão de luz na cara.

Rio de Janeiro, 2 de fevereiro 1997

OS ANTEPASSADOS

Meu tio José gostava de ficar
debruçado sobre a cerca escura da piscina
depois do jantar, ouvindo o bater da água, o coaxar
[dos sapos
no duplo prazer
de escutar as estrelas passando sobre a fazenda
e fazer a digestão.
Morreu de câncer nos intestinos
mas sua alma saiu pelos olhos.
Meu avô também morreu de olhos abertos
escancarados
para o teto...
o céu estrelado da sua infância,
não importa que na verdade fosse o céu cego de
[São Paulo.
Aliás, São Paulo também é céu estrelado, é o reino da
[minha infância.
São Paulo para mim é desejo grande
de ser feliz e de voltar a ser o que se foi.
Todo lugar é lugar de esperança, todo corpo é lar
para o ser humano.

Meu avô Renato, de quem herdei o nome
e essa maneira de andar
entre inúmeras outras coisas que nem sei, além
do bem e do mal,
morreu neurastênico.
Morreu sem viajar muito pra lá de Minas...
sem conhecer
a sua bisneta, minha filha.
Morreu como eu vou morrer um dia
definido por seu espaço e seu tempo.
Morreu como morrem todos,
pleno e culpado, vazio
e completo
(ao mesmo tempo imperfeito e perfeito).
Meu tio José já morreu faz tempo,
poucas pessoas ainda têm saudades.
Meu avô morreu um pouco mais tarde.
A morte é natural
como a sombra crescente da tarde
cobrindo pouco a pouco a cidade,
escurecendo a cerca da piscina e a fazenda inteira.
Já é quase noite, depois do jantar
me retiro para o quarto a escutar as estrelas.
Estou no Rio de Janeiro

onde minha filha nasce e já é criança.
É a vida que passa, e cada um de nós, passando
empurra mais para longe, mais para o escuro
os seus antepassados.
Talvez tendo filhos nós os ajudemos de alguma
[forma.
Talvez assim paguemos nossas dívidas da carne.
Escuto saudoso as estrelas, o jantar me pesa no
[estômago,
produz gazes.
Minha filha brinca com seu corpo ainda ileso.
Já é tarde, digo, *pra cama, Renata, olha o bicho-papão!*
O bicho-papão viajando pelas estrelas e pela carne.

Rio de Janeiro, 13 de fevereiro 1997

AS MOIRAS

Gostaria de estar lá, testemunha, bem na hora
quando as moiras tecem o destino dos homens.
—— *Você* (ainda apenas uma alma)
está condenado a caminhar de joelhos
por 35 anos
na cidade do Rio de Janeiro.
Essa foi boa! É o mendigo
que vi ontem sob o sol
na praia do Flamengo.
Levariam elas em conta a lei oriental do karma?
Compreenderiam elas que, afinal,
a vida é sonho
e não importa nada?
Não é verdade que no fim das contas
todo destino é igual
e todo homem um expatriado de si mesmo?
Veja eu, por exemplo,
Renato Rezende, 32 anos
e ainda não morri de fome e de sede
(este fato me surpreende).
Carrego um iceberg no peito

cuja minúscula ponta são todos os meus versos.
Parece mesmo que meu destino
é este gesto já quase desfeito
este desejo imenso de não sei bem o quê
este gigantesco amor-desatino
este aparente
bater a esmo.
As moiras, na sua Glória, eu sei, gostam dessa gente
que é torta, desses sem jeito
que descasam o fim do começo,
que são menos carne do que espírito.
Como o mendigo do Flamengo
eu sou um escolhido
e vivo de joelhos dentro de mim mesmo.
Todas as minhas vitórias sempre serão
maravilhosa, necessaria-
mente um sinal de menos.

Rio de Janeiro, 15 de fevereiro 1997

PRENÚNCIOS DE GAIVOTAS

Sou uma alma pequena
pousada na Terra.
Mais precisamente pousada numa pedra
na Urca, esta tarde.
As nuvens, o céu
as gaivotas, o mar.
Tudo passa.
Adiante caminham
no calçamento da encosta da praia
dezenas de pessoas iguais a mim.
Todas passam, mas não notam
o esplendor da natureza.
Todas passam, e pensam,
e são seus pensamentos que limitam o mar.
Seria a mente o limite do tempo?
Estamos todos vivendo menos,
presos dentro de nós mesmos.
Sós
neste planeta azul, sob o sol.
Mas sinto que se der um salto
aprendo a voar.

Rio de Janeiro, 24 de fevereiro 1997

ESTELITA LINS COM LARANJEIRAS

Nesta esquina havia um mendigo
que queria sempre falar comigo.
Quando me via me chamava.
Ei, ei, preciso falar com você!
Mas eu passava apressado e deprimido.
E lá ficava ele, sentado
entre cocôs de cachorro e lixo.
Quem sabe ele era o anjo, um Zipruana
São Francisco de Assis, o próprio Jesus Cristo
que me levaria enfim ao Paraíso.
Talvez ele fosse o anjo do eu-redimido.
Talvez ele fosse o meu anjo prometido.

Duvido.

Rio de Janeiro, 27 de fevereiro 1997

JAGUNÇO

Meio desistido de mim mesmo
caminho quase a esmo
pelo Rio de Janeiro.
Quase a esmo — estou bem vestido
e entre brancos, mulatas e negros
procuro um qualquer emprego.
Uma ocupação que me sustente
e permita-me desistir-me
mais completamente, mais inteiro.
Algo que eu farei com zelo,
algo simples, humilde; desistir-se
não requer muito dinheiro.
O segredo deste esconder-se
é que quanto mais me desisto
mais me encontro
sublime, dentro de mim mesmo
e rio, e sou livre, e vôo
e crio
meu jeito de ser artista e gente.

Rio de Janeiro, 7 de março 1997

ZELIG

Como se não bastasse
ser gente
é preciso ser também
médico, professor, gerente.
Tudo bem. O Sr. Souza
é gerente de compras.
A Dona Raimunda
tem como profissão
alugar o corpo.
Me perguntam o que sou.
Poeta e pintor, eu digo,
ou aprendiz de mendigo.
(Algo que de si mesmo
duvida.)
Meu nome é Zelig
e às vezes São Francisco.
Indefinível, sem qualidades
disassocio-me do meu corpo
que alguns chamam de veículo.
Me despeço do meu destino.
Sou metade vazio

e oco no meio
(a melhor parte de mim mesmo
onde sou mais inteiro).
Me espero no que restará
do fundo do meu próprio abismo.

O sol no mar infinito.

Rio de Janeiro, 7 de março 1997

TRAPO

O dia deu em nada?

A fome, o fogo, a sede
que pulsaram fortes
nas manhãs de outrora,
nas noites cheias de estrelas
extinguem-se hoje
sem muitas palavras, sem alarde
nesta praia, no final da tarde.
Sou agora mínimos desejos.
Nas veias corre água do mar.
O coração esfarela-se em areia.
O vulcão dentro do peito
que me deu o mundo inteiro
e me levou aos sete mares, aos mil abraços
aos reinos do sol, das sombras, do medo
dissipa-se em água, em anônimo cansaço
que se esvai como a maré entre os dedos.
Não parece sobrar nada
do que antes foi ardor e sonho.
No meio da vida,

sou fim ou sou começo?
Me desfaço no teu solo
ó Rio de Janeiro,
sou solta branca rosa
que bóia
no mar de suas auroras
na boca de suas noites.
Sou finalmente neutro,
sem primavera, cor ou aroma.

Rio de Janeiro, 8 de março 1997

DOMINGO

Passeamos hoje, domingo
no Aterro do Flamengo.
Fazia um dia lindo.
Parecia uma cidade estrangeira
(quando eu nela chegava
pela primeira vez,
e a luz do sol sumindo-se na curva
suave de cada rua parecia anunciar
uma infinidade de aventuras:
a vida jorrava em si mesma).
A liberdade não existe,
é um estado de espírito.
Passeava, domingo, no Aterro
na Barra, no Parque Guinle,
a classe média brasileira,
e sem mistério, sem desespero,
gozava seu merecido recreio.
Aqui estou eu, no meio
do dia-a-dia da vida:
um invólucro vazio
do que já foi risco e incêndio.

Rio de Janeiro, 8 de março 1997

IMPRESSÕES DO PARQUE LAGE

Na floresta do Parque Lage
celebro
a minha enorme liberdade.
Sou o primeiro
homem a penetrar este reino
ainda selvagem.
Tudo é meu.
E eu também sou o alheio,
o esquecido, o estrangeiro.
Me sinto completo,
me sinto inteiro.
A mata está fechada.
O cheiro forte da jaca
faz total silêncio.
Caminho na picada.
Nesse mundo vegetal
comungam indigentes
adúlteros, solitários
soldados armados
olhando as mulheres que passam
drogados, aleijados, malucos

delinqüentes, prostitutas
crianças sem inocência.
Um jogo de passeios, de veredas
de miradas e mirantes
de olhos que se baixam
de movimentos obscuros
atrás dos arbustos
de corpos que se cruzam
de águas
que escutam
silenciosos anseios.
Tudo isso sou eu, tudo isso corre
nas minhas veias.
Macacos pulam
de galho em galho.
Surgem borboletas
que foram caçadas
mas de alguma forma sobreviveram.
Estamos no reino
da memória e da sombra
ou luz trespassada
do alto das árvores
fantasmas, almas penadas
coisas perdidas

primitiva vida sem idade.
Aqui é o ponto zero
da cidade.
Aqui é a cidade
antes de ser cidade.
Aqui eu bebo
a cidade
em tudo que ela tem de luz
e de intimidade,
em tudo o que nela é voraz
e eternidade,
aqui eu devoro a cidade pública
e impudica.
(Isso debaixo
detrás
do Cristo
envolvido em nuvens.)

Rio de Janeiro, 10 de março 1997

ÁGUAS DE MARÇO

Amanhece chovendo
no meu apartamento
em Laranjeiras.
Tudo está mais lento.
Até mesmo o morro de pedra, sob a água,
o mirante de Dona Marta
fica mais doce, doce molhado, doce aço.
Chega até minha cama de solteiro
o cheiro suave da chuva,
e do vento:
o casamento
entre todos os elementos do universo.
Trégua
na luta geral da vida.
A cortina d'água na janela
se transforma numa tela
onde se projeta meu exílio
(esta vida nesta terra).
Memória.
A chuva molha
antigas companheiras

de cama em manhãs cinzentas como esta.
As férias na fazenda,
a infância
e o que ela teve de assombrosa e santa.
As tardes solitárias
na Espanha, na Itália, na França.
Ah, a Europa
de poliglotas cópulas.
(Toda chuva
a continuação da última.)
Talvez em algumas dessas horas
eu tenha sido pleno.
Talvez em alguns desses momentos
de silêncio
eu tenha sido inteiro.
Chove. A água
silencia o tempo
e une a pedra à alma.

Rio de Janeiro, 17 de março 1997

A IDADE DE CRISTO

I.

Sim, sim, sim, é o homem
que pertence à terra,
e não o contrário.
Esta casa de fazenda, por exemplo.
Seu sólido casarão de barro
pintado de branco e azul;
o terreiro de café;
a antiga senzala caindo;
é apenas nosso destino comum,
o nosso *cenário*.
Aqui há gerações jogamos o baralho
intricado de nossas vidas.
Aqui o teatro
aparente entre senhores e vassalos.
Junqueiras, Arrudas, Rezendes,
Prados, Azevedos.
Somos proprietários,
caseiros e camponeses.
Aqui onde hoje estão estas sombras
os jogos inocentes da infância,

as horas honestas do trabalho,
as noites de intriga,
os roubos, os atos ambíguos
jamais explicados ou compreendidos,
as palavras ditas e as não ditas,
os desejos da carne,
os encontros secretos de madrugada
sob o céu aberto
debaixo
das estrelas que caíam,
ou dentro das alcovas frias.
O casarão apreende o passado
em suas paredes, a fazenda em sua terra
e nos serve de volta no sabor do café diário.

II.

Caminho até o curral.
Dou bom-dia às vacas.
Volto para casa, o casarão
está vazio,
está vazia a colônia.
São sete horas da manhã
o vento varre o terreirão

o sol nasce
atrás da serra
sento-me na sala e escrevo.
Hoje, domingo de Páscoa
bem cedo
sento-me no sofá, no centro
da sala,
no centro da casa,
e escrevo.
Volto ao curral
converso com as vacas,
desejo-lhes
feliz Páscoa.
Atravesso o terreiro
estou no pomar
varrido pelo vento
pelo tempo e seus fantasmas.
Memória. Aqui é o caminho
do caçador de esmeraldas.
Velhas mangueiras, jabuticabas
cheias de barba-de-bode
abacates como corações verdes
de pedra pendurados nas árvores.
Pulo a cerca, estou no pasto.
Ossos

de outras gerações de vacas.
Garças, siriemas, possíveis cobras.
O campo aberto, o espaço
a distância
o vale seco
mais parece a Índia
mais parece a África
de um tempo remoto
que é meu e eu desconheço.
Contrariando a mim mesmo
de pijamas
cabelo ao vento
caminho até o café:
esta manhã eu me experimento.
Aqui estão eles: 30 mil pés
exigidos da terra
entre frestas de pedra.
Este é o nosso sustento,
este nosso exíguo alimento.
Destas alturas tudo vejo.
Sobem a estrada dois negros descalços
munidos de espingardas.
São lentos, mas sobem rápido.
Vão caçar na mata.
Penso em esconder-me,

mas já é tarde.
Passam por mim e desejo-lhes bom-dia,
e foi mais fácil desejá-lo às vacas.
Me sinto distante e isolado
destes outros seres, iguais a mim
e meus irmãos chamados.
Hoje, domingo de Páscoa, o Cristo
renascerá entre nós, ou melhor, em cada um de nós
como um sol solitário.
Volto para casa.
Fecho a porta, o vento
varre o terreiro
nesta manhã iluminada.
Estou só, mas me sinto preso
doce, tenuamente preso
(como um inseto
numa teia de aranha)
ao meu nome, meus fantasmas, meu feudo.

III.

Muitos lares cresceram
durante estes anos todos
na orla da fazenda.

A terra abafada
onde antes era mata
e depois pasto para vacas.
Casas simples, muita gente
onde numa tarde de outrora
eu e uma filha da colônia
nos deitamos em segredo.

É natural que tudo se transforme.
O amor se renova
em novos cénarios.
Nem um pouco desejo
o corpo da menina agora.
Nem sei se está viva ou morta.

No entanto, havia naqueles dias
na luz daqueles dias, ou no ar
a própria essência
da minha infância, da adolescência
que tinha uma vida inteira pela frente
mas não sabia.
Hoje se desenrola sem sentido
uma vida que não parece minha.
Em nada me reconheço
e em vão me busco na fazenda.

Sinto-me fora
de mim mesmo, fora de centro
ou escondido dentro:
vivendo um exílio às avessas.

Tenho 33 anos.
A idade de Cristo.

Sei apenas
que não ressuscito, e já é tarde
para morrer jovem e bonito.

Atibaia, Semana Santa 1997

COPACABANA, 1997

O mar brilha e arde.
O mar, areia líquida.
É tarde
em Copacabana
e na minha vida.
Pessoas de idade
caminham de mãos dadas.
Jovens quase pelados
patinam em velocidade
ou jogam vôlei.
Crianças gritam
atrás de bolas e cachorros.
A luz excessiva
me fere a vista.
A vida excessiva
me fere a vida.
Atravesso a avenida
em alta perplexidade.
"Quem sou eu e o que faço
entre as coisas?"
Sem nenhuma vontade

me sento
me disfarço
e peço um copo de álcool.

Depois danço e grito e salto.

Rio de Janeiro, 2 de abril 1997

A ILHA

Levanto as mãos para o céu,
os braços para o alto
num gesto
menos de agradecimento
do que desamparo.
Não sei como ainda me sustento
dentro dos sapatos.
Cada passo
um novo compasso.
Caminho pela cidade,
pelo Estácio
onde vim acalmar o sentido...
e penso
"A vida inteira que não foi
e que poderia ter sido."
A promessa, o sonho, o beijo
não propriamente esquecidos,
mas diluídos
no dia-a-dia do corpo.
Penso naquele que fui
sem saber que era

e procuro a essência da primavera
para dela partir novamente.
Mistério. Difícil
dilema:
me busco no passado ou me reconstruo
do nada?
Sou fênix ou sou cinzas?
Navego no escuro.
Contenho
no peito o grito.
Liberdade! Liberdade
é bairro em São Paulo.
ou ainda
Terra a vista!
ai, quem me dera, que vontade
de encontrar-me
Robinson Crusoé perdido em sua ilha.

Rio de Janeiro, 3 de abril 1997

O ALTO

Subo o Pão de Açúcar.
Subo o Corcovado.
E quero lançar-me lá de cima
acabar com tudo
num vôo de liberdade.
Mas me sento nas escadas
que brilham
e queimam a carne.
É alto o desespero
nesta cidade.
Apesar da claridade
visto de cima
tudo
é tranqüila fatalidade.
A cidade é frágil.
A cidade é um brinco.
Fácil, o mar se une ao lago.
Vamos todos morrer afogados.
Finjo
que não sei de nada
e não reajo.

Rio de Janeiro, 4 de abril 1997

MERCADO DE FRUTAS

Quando saí de casa hoje
a rua estava em silêncio
como se a vida geral se tivesse cansado
de tanta história
e se deixasse levar sem grandes vontades.
Lento, na calçada ao lado,
passava um negro
quebrando o silêncio com uma doce toada.
"Vassoureiro!
Vassoura de pêlo!"
E carregava umas vassouras imensas
que pareciam mesmo coisas antigas
do tempo dos escravos.
Parecia um Rio de Janeiro de outrora.
Era um momento raro,
o presente permitia
a vitória do passado.
Com especial cuidado
desci a rua
em direção à feira
do Largo do Machado.

Longe, fugia a voz do negro
como se acaba um longo beijo:
"Vassoureiro!
Vassoura de pêlo!"
Com renovado cuidado
escolhi as frutas
que me sustentarão neste dia.
A cidade eterna e efêmera
navega em si mesma
(comigo em seu seio).

Rio de Janeiro, 7 de abril 1997

O SONO

Sob o azul escurecendo
e as nuvens que correm o ar
como se fossem finalmente
voltar
à casa
a tarde no Rio
passa rápida
levando do dia
o que ele teve de fácil e claro.
Numa janela,
dentro de um quarto
(vamos dizer, em Botafogo
ou no Leblon
de frente ao mar),
alheios à tarde que se faz rosa e ouro,
dois corpos dormem
um sobre o outro,
no descanso
depois do amor.
(Esse ato gera novos corpos.)
Um corpo sobre outro

carne sobre carne
ossos sobre ossos
no sono
que é prenúncio da morte.
Um dia estaremos mortos,
mas por enquanto
estamos aqui
estamos aqui, presentes
e o mundo é ainda nosso.

Rio de Janeiro, 8 de abril 1997

O MENDIGO

Sou o mendigo
do Rio de Janeiro.
Entre muitos, o único
o arquetípico, o negro
o barbudo, o sujo, o primeiro
o eterno, o mítico.
Estou entre árvores,
carros e edifícios.
Hoje sou palavra e precipício.
Hoje acordei com o bicho.
Insisto em saber
como se faz para ser dono
de tudo isso.
Giro em torno de mim mesmo
e tudo vejo — estou de pé
no meio da avenida.
Os carros brilham e passam
rápidos, no asfalto.
É uma dádiva ou um fracasso
não ter um carro?
Hoje eu não me entendo.

Tem muita gente morando
nestes edifícios, eu sei,
será que é porque
eles chegaram primeiro?
A gente já nasce rico
ou é uma questão de sorte
durante a vida?
Será que eu sou rico ou morto,
vivo ou pobre?
Será que quando eu nasci
pensaram que eu era rei
e não precisava de nada?
Tudo é sempre encontrado no lixo
na plataforma da vida
como a roupa que visto?
Tudo já estava construído?
Como se faz para ser dono
das coisas que existem?
Eu, o único imperador
do reino-corpo que dispo.

Rio de Janeiro, 15 de abril 1997

NO LIXO

O homem mais bonito
está catando restos
no depósito de lixo.
A pessoa pura
se perdeu em apuros.
No mundo moderno
o amor é complexo:
quanto menos beijo
mais eterno.
Há várias epidemias
que assolam a população
como se fôssemos vermes.
Mas não morremos.
Sobrevivemos
ao próprio tempo.
No meio da multidão
no Paço
Imperial,
na estação Central,
eu juro
eu confesso

que me perco.
Sou ninguém,

mas tenho o coração aceso.

Rio de Janeiro, 18 de abril 1997

O BALDE

Rio de Janeiro,
minha cidade de agora.

Me preencho
com teu peso.

Sou um balde que flutua
com um furo
em tuas águas sujas
e pouco a pouco afunda.

Às três da madrugada
às três da tarde,
no túnel, na orla;
a mesma hora
se desdobra

desde o Império romano?

Rio de Janeiro, segundo milênio
da era de Cristo

quase findo.

Os que estão vivos
mal compreendem a vida.
Somos muito milhões de indivíduos
e para a maioria deles
não teria nada a dizer.

A não ser, talvez
"toda vida
é sagrada"
(e isto dito
dar as costas).

Conheço umas centenas de pessoas
que são minha idéia de humanidade.
Acho a humanidade doce.
Estou só.

Tenho desejos.
Mas nenhum ímpeto.

Até mesmo o sexo
ficou melhor imaginado
do que vivido.

Atravesso vários bairros
várias vidas.

Sou ouro e lixo.
Nas minhas asas puras
acolho, recolho
tua porra
e teu excremento.

Rio eterna
efêmera
aberta
Roma, Atenas, Pompéia.

Rio de Janeiro, 2 de maio 1997

ASAS

Como uma borboleta às vezes voa baixo
e acaba
atropelada
nas ruas desta cidade;

luz e azul
estagnados
estampados
no negro do asfalto;

anjo crucificado
entre carros que passam,

minha vida
morna e delicada
beijou a parede e o asfalto, trêmula

nas encostas do precipício.

Sento-me rente
à calçada
na raiz de uma enorme árvore, só

entre a sarjeta e o asfalto,
entre o tempo e a morte.

Ó alta e sábia árvore.
Ó árvore,
eu beijo tua casca —
tua grossa, antiga casca.

Imagino que esta árvore mágica
poderia destruir a cidade

e transformá-la novamente em mata.

Imagino e sou salvo.

No meio da mata Atlântica
no tempo vegetal
como uma larva
eu subo a alta árvore
até o céu.

O céu anil
das asas de uma borboleta livre
sobre o mar terrestre.

Subo e sou
luz e crisálida,

um pouco já raio e êxtase.

Quero vertigens transparentes,
quero o grande salto d'alma.

Deus, será que dava, de onde eu caio,
fazer-me santo rápido,
algum tipo de pássaro,

dar-me asas?

Rio de Janeiro, 4 de maio 1997

NÓS

Cada um de nós
tem uma vida
atroz e parecida.
Parecida com a daqueles
do nosso meio:
o mesmo *score*
de infinitas viagens,
aventuras, sexo
e também dinheiro.
Mas igualmente atroz
ou, se quiseres,
(a perspectiva
depende do dia)
igualmente feia
ou bonita ou inquieta
ou esquisita
a vida
de outros homens.
Igual em essência
a vida de todos nós
sofrendo no corpo

o fogo do tempo:
o mesmo prazer
a mesmíssima dor
a voz
presa no peito
a sede de amor
os nós
de tantos anseios
e afetos desfeitos,
o destino incerto
sem ritmo
sem nexo,
o enorme desejo
de um dia estar em paz
e conhecer Deus
por fim falso ou verdadeiro.
E por todo o caminho
o espelho perplexo:
quem sou?

Desconfio
que somos o mesmo.

Rio de Janeiro, 26 de maio 1997

AS DUAS ÁGUAS

*(Sou uma caixa ou uma concha
onde marulha uma água
um mar inteiro preso
entre o espírito e a carne)*

Existem duas águas
em mim, em agonia.
As profundas e as rasas.
As rasas são claras,
e no entanto sujas.
Estão em contato
constante com o dia.
(O reino fecundo das cores
e das palavras-fontes.)
As profundas são escuras,
embora de matéria mais pura.
Quase não refletem as nuvens.
São paradas.
Águas onde a vida naufraga
em si mesma,
e o dia na noite.

Águas-alma
de total silêncio.
Há em mim
uma tensão entre tais águas
que não se mesclam.
Assim como não se mesclam
o Negro e o Solimões.
Entre estas duas águas
como um peixe
enfermo, eu me sufoco.
Eu, que quero
num salto Amazonas
engolir as águas,
fazer delas uma.

São Paulo, 20 de junho 1997

A MANGUEIRA

Sob o sol há sempre perda e esse pé
de manga na calçada da ladeira
me lembra agora a infância passada
descalça na ensolarada fazenda.
Meu pai a cavalo! As brincadeiras
no curral entre as vacas, as batalhas
de cevada quente, a terra vermelha,
a cachoeira em prata, o terreiro de café!

O sol parecia eterno.

Mas tudo passa. A cega mangueira
sozinha (longe da mata) na subida
íngreme desta alameda escondida
das avenidas do Rio de Janeiro
também parece me reconhecer, lenta
e perplexa — e como que se abaixa.
Aproximo-me. Sem que ninguém veja
longamente beijo sua antiga casca.

Velha amiga! Foi apenas ontem
que sem medo subia em seus galhos.

*Durante o dia com fome dos seus frutos
como o sol dourados e doces;
ou na preguiçosa tarde sob sua sombra
observando os pássaros do mato.
E de noite contra seu tronco, sedento
do fruto proibido, os beijos escondidos
(na brincadeira de esconde-esconde), a boca
rosada da jovem moça da colônia...*

No céu riscavam estrelas cadentes...

*Lembra? Foi mesmo ontem! E hoje
nos reencontramos de novo!
Mas, amiga, não estaria eu sendo tolo
e dourando (de novo) a pílula do passado?
Fala a verdade, responde... uma rajada
de vento farfalha as suas folhas:
Isto é o lado bom, a grande vantagem
do tempo, que passa, e passando
recolore o já vivido com nova graça....*

*Que bom que isso aconteça, e é certo
que assim seja. Mas quando, amiga, onde
o sol que enfim nos espera, que vai dourar*

*o que sempre somos agora? Cá estamos,
você — permita-me — abandonada e seca
eu, abandonado e longe, náufragos à deriva
em nossos corpos — de nossas próprias vidas.
Vivemos ainda da seiva dos velhos sonhos.*

*(Os velhos sonhos de ser tudo e todos
além do fogo-tempo e seus círculos.)*

Rio de Janeiro, 18 de julho 1997

O BICHO

Me misturo ao mundo absurdo,
como do mundo, e me pergunto
onde mais encontrar comida
que sustente espírito e músculos.

Que sustente espírito e tudo
que de mim quer fugir do mundo.

No turbilhão da vida
penso na morte.
Será que na hora da morte
vou querer a vida?

Sou uma alma em sua jaula.

Rio de Janeiro, 8 de outubro 1997

BICHO DE GOIABA

No tacho de cobre/vermelho
era eu mesmo me derretendo.

Todos os dias, o dia.

Aqui estou eu, de repente, o mesmo,
no ermo recanto das flores
da infância de mim mesmo.
Aqui estou eu, como num sonho
ou num porto-fragmento
do que já fui, perdido no tempo.

Irrompo aos gritos a casa ensolarada
e tudo brilha e está em seu lugar
enquanto gira ao redor do nada.

Aquelas manhãs na fazenda
ainda existem, não se perderam, estão lá
agora,
você que é o sempre ausente.

Mas espere
ainda há esperança, e por mais um dia
por dádiva dos deuses
que giram todos os dias
a roda do destino
eu apareço, inteiro.

As terras
ainda estão aqui, generosas
e fecundas, vermelhas.
Ainda não vendemos
nossa memória, nem mesmo o medo
do menino sozinho no quarto escuro...

e já acaba o óleo da lamparina
papai e mamãe dormem
do outro lado da enorme casa
e a sombra bruxuleia na parede escura,
no forro passeiam gambás
aranhas e baratas
infestam o chão a esta hora.
O banheiro
está do outro lado do mundo
no fim do corredor

imenso de assoalho vermelho.
Se acordo meu pai
ele vai ficar bravo e vai ser pior.
Fazer xixi na cama
é até gostoso
(o prenúncio
de um prazer maior),
é quentinho
e com este calor logo seca, ninguém nota.
Meu irmão dorme na cama ao lado
e estas duas camas parecem agora dois barcos
que se separam no enorme mar do tempo.
Tenho medo
de ficar sozinho.
E se meus pais morrerem?

(Ensaio na madrugada o sofrimento da desgraça
que durante a vida inteira temo que aconteça.)

Rompe o dia.
Assisto
pela janela encardida a delicadeza da aurora
e com pijamas saio lá fora.
Estou na varanda. Ouço pássaros novos

e vacas rumo aos currais de outrora.
Do pomar irrompe um porco
que como tudo agora é puro mistério e delicadeza
banhado em luz dourada.
A doçura é tanta
que acuado volto para a cama.

O que mais dança
no centro do meu peito?
Antigas penteadeiras
de madeira de lei
ou mármore de carrara.
Jarras de prata, tachos
de cobre
onde ferve a minha carne
mexida pela preta velha
que pica e cospe tabaco
junto ao seu fogão de cinzas e lenha.
Posso vê-la, de longe
varrendo pétalas e poeira
sobre as pedras do terreiro.
— Aí! D. Paula!
Esse pirão é feito de água ou leite?
— De água, fiô, de água.

Espelhos.
Piso de tábua larga.
Ping-pong com besouros.
Sapos de línguas longas.
Cavalos manga-larga
desembestados no pasto largo.
Briga de bois bravos
a despedaçar o curral.
E os homens munidos com varas e paus.
— Ôôo! Pierrô! Eiaa! Apolo!
E depois a calmaria
da tarde de rolinhas
aninhando-se no enorme pau-d'alho
as borboletas com grandes olhos
o pôr-do-sol.
O pôr-do-sol mais belo
e mais longo do mundo.

Mas ainda há tempo para mais um mergulho
na piscina de água corrente
onde antigamente era lavadouro de café.
Ainda há tempo
para uma espiga de milho quente,
para um copo de leite,

um punhado de jabuticabas,
um roubo de pitangas,
uma guerra de cevada.

Ainda há tempo, antes
que caia novamente a noite...

Que venham! Que venham!
No mar do naufrágio de agora
os escombros dos dias plenos.

(Hoje queremos apenas
que as crianças cresçam
e ganhar muito dinheiro.)

Ribeirão Preto, Natal 1997

PARA UMA CRUZ NA ESTRADA

Carrego dentro de mim, esquecido,
o filho dos meus pais,
o que um dia foi amado,
o que foi querido.

Acho que vindo do mar, de longe
por detrás do monte, escuto um ai:
*Lá vai nosso filho
com sutilezas de menina.
Aonde ela vai
tão bem vestida?*

— Encontrar-se
com uma bala perdida.

*Lá vai nosso filho
no Elevado.
Aonde ele vai
tão bem penteado?*

— Ser atropelado.

Ser negro, marginal, mendigo
travesti, bêbado, deficiente físico

caminhar ao lado da estrada
sob a tempestade
vestido com um saco de lixo

e desaparecer imortalizado
entre os índices de sinistros.

(Para um dia retornar, pródigo
nos braços do Cristo.)

Rio de Janeiro, 21 de janeiro 1998

PERTO, NA SUÍÇA

Passeio pelo jardim florido
com um carrinho de criança, e a criança dorme.
Agora sou uma mãe de seios rosas
e isso é a Suíça.
Sento-me e medito
no mar infinito, nas águas
de um tempo esquisito
como se fora um passado
ainda a ser vivido.
A criança dorme, o céu está azul, azul
por trás de alguns pinheiros.
O dia está ameno, mas o coração humano
(mesmo o desta mãe que medita,
mesmo o desta criança tão bonita)
é sempre brasa e abismo.

Teresópolis, 8 de março 1998

BALADA DAS BARCAS

As barcas
são pura metafísica.
Sobre as águas
da Guanabara
cochilo; sou argonauta perdido
no meio da vida,
no mar de calmaria
do meu próprio redemoinho.
E navegar é preciso.
Meio-dia.
As águas batem.
Tocam um sino.
A vida passa.
Tudo é bonito.
A Ilha Fiscal
pintada de verde.
Os barcos de pesca
com seu cheiro de peixes.
A ponte Rio–Niterói
que já matou muita gente.
O resto da mata.

A viagem.
Mesmo pequena
é sempre ela:
a viagem
que me carrega.
Minha companheira.
E sou tanto dela
e a amo tanto
que esqueci para que sirvo
entre um porto e outro.
Passo meus dias sonso
fingindo interesse
pela família, pelo emprego,
e só me sinto inteiro
quando em trânsito
(ou, num momento raro
quando solitário
dentro do quarto, pronto
para morrer um pouco).
Sou todo mala e passagem.
Mala é meu corpo, mala é minha alma
mala, que antes e depois da viagem
não serve para nada,
guardada num canto.

Saio do cochilo, em transe
e entro na vida, vazio.
Descemos.
A barca jamais questiona
sua disciplina.
Sou eu, dentro, quem vai à deriva.

Niterói, 10 de novembro 1998

O COFRE

Quando morrer quero ir pro Céu.
E sei que vou. E sei que vou.
Cumprir a vida e voltar à Casa.
Voltar à Casa. Voltar à Casa.

Minha família guarda uma cama para mim
num quarto que é meu, com coisas que, embora há
                        [muito abandonadas,
ainda são minhas, e se alegrariam com minha
                              [presença;
livros que jamais reli, velhas cartas, velhos poemas,
desenhos velhos,
uma caixa só de fotografias, coisas que, se
                           [desaparecessem,
me deixariam perplexo e mudo, como se eu tivesse
                           [morrido um pouco.

Sei que desaparecem pouco a pouco,
assim como eu também morro. Mas, por enquanto,
lá estão elas
num armário de um quarto onde estou
                           [(não estando);
e esse saber me reconforta.

Lá está o banho quente
do meu corpo agora cansado.
Lá está a comida gostosa, à vontade
para quem está com fome agora, num hotel sujo
sem coragem de sair à rua, um refúgio
que mais parece um esconderijo, mas que facilmente
                                        [poderia ser
um Palácio iluminado.

Olhando a chuva fina, contra a lua dourada
penso na vida que é minha
e se mascara em tantas vidas.

A casa da minha família
não é mais a minha casa.
Qualquer lugar, o mundo estranho
se torna o bom quarto, a cama, o travesseiro
para o coração arrombado,

como um velho cofre, de cobre, que pulsa
apesar de tudo
e que no fundo ainda pula
de alegria.

Rio de Janeiro, 19 de novembro 1998

EPÍLOGO

*Aqui
Todo o espaço é o Paraíso
ou nenhum o é
O exílio
é um estado de espírito
A mente é livre
para criar seu destino
Dançamos, em rodopio
o frenesi da vida
na direção do infinito
de cada instante ínfimo
Não importa a mínima
o caminho
O que vale um homem
é o amor
que sente por si mesmo
e pelo seu próximo
Amor que transborda
na puríssima orgia íntima
de sermos todos, sempre
eu*

*o mesmo
eu
Somos todos iguais
ao mesmo tempo parte
e unidade
desta força
que move o sol
e os outros astros*

Disseminados pelo texto, quase sempre entre aspas,
há versos ou citações, às vezes levemente adaptados,
de Manuel Bandeira, Ferreira Gullar, Mário Faustino,
Olavo Bilac, Dante, Nelson Rodrigues, Fernando Pessoa,
Clarice Lispector e Luís Melodia.

O autor gostaria de expressar gratidão à Fundação Biblioteca Nacional e aos editores das revistas nas quais os seguintes poemas foram originalmente publicados:

Poesia Sempre – "Passeio", "Nós", "No Lixo"
Rio Artes – "Jagunço", "Impressões do Parque Lage", "Trapo"
Panorama – "Prenúncios de Gaivotas"

Este livro foi composto na tipologia Centaur, no corpo 13/18,
e impresso em papel pólen bold 90g/m² no
Sistema Cameron da Divisão Gráfica da Distribuidora Record